"Yes, Virginia, there is a Santa Claus" ...in Latin!

Vere, Virginia, Sanctus Nicolaus est!

by Francis Pharcellus Church
translated into Latin
by Walter Sauer
& Hermann Wiegand
Illustrated
by Matthias Kringe

Bolchazy-Carducci Publishers, Inc.
Wauconda, IL

W9-BHX-692

This publication was made possible by
Pegasus Limited

Editor
Laurie Haight Keenan

Technical Design Consultant
Cameron Marshall

copyright © 2001
All rights reserved.

Bolchazy-Carducci Publishers, Inc.
1000 Brown Street, Unit 101
Wauconda, Illinois, USA 60084
WWW.BOLCHAZY.COM
ISBN 0-86516-506-8

Illustrations © 2001 **Matthias Kringe.**

Printed in the United States of America
2001
First Edition
by Worzalla

Library of Congress Cataloging-in-Publication

Church, Francis Pharcellus, 1839–1906.
   [Is there a Santa Claus? Latin]
   Yes, Virginia, there is a Santa Claus—in Latin! = Vere, Virginia, Sanctus
   Nicolaus est! /
by Francis Pharcellus Church ; translated into Latin by Walter Sauer & Hermann
Wiegand ; illustrated by Matthias Kringe.
   p. cm.
   ISBN 0-86516-506-8 (alk. paper)
   1. Latin language—Readers. 2. Santa Claus. [1. Latin language—Readers. 2.
Santa Claus.] I. Title: Vere, Virginia, Sanctus Nicolaus est!. II. O'Hanlon, Virginia.
III. Kringe, Matthias, ill.

PA2095.C4537 2001
478.6'421—dc21   2001025732

Publisher's Preface

On September 21, 1897, the minds and hearts of two very real people met and in that meeting created magic that has survived now more than a century. VIRGINIA O'HANLON was eight years old and troubled by doubts raised by her friends, who declared there was no SANTA CLAUS. Encouraged by her father, VIRGINIA wrote to the editor of *The New York Sun*. FRANCIS PHARCELLUS CHURCH was assigned to answer Virginia's request, "Please tell me the truth, is there a SANTA CLAUS?"

CHURCH was supposedly a curmudgeon, but was wise enough to know the difference between truth and fact. VIRGINIA was asking for the truth, and he was the man to deliver it: the truth is, the universe is larger than our minds can comprehend, than our senses can ever perceive. Those who stoutly proclaim that they "know" are the most limited creatures of all, for they assume that what they *can* know is all that there *is* to know. VIRGINIA'S friends were discounting the unseen, which does exist. There *is* a SANTA CLAUS and always will be one, so long as there is childlike wonder.

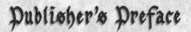
"Philosophy begins in wonder," so PLATO said, more than two millennia before VIRGINIA posed her question. PLATO had as his mentor SOCRATES, an incessant wonderer. The story goes that SOCRATES was told that the god APOLLO'S DELPHIC ORACLE had pronounced him "the wisest of all." SOCRATES was perplexed: his perception was that he knew nothing. He set out to discover the god's meaning, interviewing reputed wise men. What he learned was this: the wise men all thought they knew something, when in fact they did not. SOCRATES was indeed the wisest, because he at least knew this one thing: that he knew nothing.

Ours is an age marked by speedy transmission of fact. We are smitten by the seemingly boundless information that lies at our fingertips, by what we can know at the click of a mouse. It serves us well, then, to hearken back to the timeless wisdom of those who came before us. In this spirit we offer this CHRISTMAS classic in a new bilingual, LATIN-ENGLISH edition, ornamented with script and illustrations to delight senses beleaguered by words and images flickering on a cathode tube. It is our hope that the reader, whether LATIN scholar, LATIN student present, or LATIN student past (perhaps revisiting slightly rusty high school or college LATIN), will pause in these few pages, long enough to recall the value of wonder.

"Yes, Virginia, there is a Santa Claus" ...in Latin!

irginia O'hanlon
viro docto Francisco Church
salutem plurimam dicit.

Carissime actorum diurnorum,
cui titulus Sol,
editor!

Puella octo annorum sum.
Sunt amici quidam,
qui Sanctum Nicolaum esse negent.

VIRGINIAE
PATER.

SOL.

At pater meus:
Quodcumque
in Sole legitur,
verum est.

2

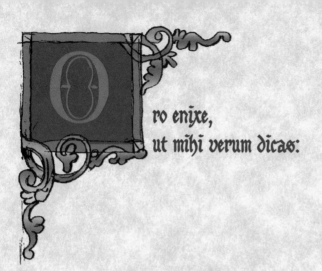

Oro enixe,
ut mihi verum dicas:

Estne Sanctus Nicolaus?

VIR
GIN
IA.

3

Franciscus P. Church,

Virginiae salutem

quam optavit multifarie reddit:

Cara Virginia,

Affirmare ausim
amicos tuos parvulos errare.
Nam affecti sunt opinione eorum,
qui in hac aetate scepticorum
omnibus de rebus dubitant.
Non credunt esse nisi ea,
quae suis ipsorum oculis vident.

Nihil existere putant,
quod eorum animis pusillis non comprehendatur.
At omnium animi, Virginia,
et adultorum hominum et parvulorum,
pusilli sunt.

Scito in hoc mundo
hominem tantum vel insectum vel formicam esse,
cum eius ingenium comparas
infinito, quo concluditur, mundo,
cum eum iudicas
mente qua summa veritatis scientiaeque
comprehendi potest.

ere Sanctus Nicolaus est.

Sanctus Nicolaus existit eodem modo,
quo existunt et caritas et benignitas et fides,
necnon ea omnia abundare et dare vitae tuae
summam pulchritudinem gaudiumque summum scis.

heu, nos miseros!
Quam tristis esset
sine Sancto Nicolao vita!
Tam tristis esset
quam si non viverent
puellae nomine Virginiae.

ec existerent fiducia parvulorum,

nec poesis, nec suavis et mutua benevolentia
nec blanditiae, quae omnia vitam tolerabiliorem reddunt.
Nec gauderemus nec laetaremur, nisi iis rebus,
quas et sentimus et videmus.
Lux, qua infantes liberique mundum complent,
exstingueretur.

I nunc, et Sanctum Nicolaum
nega esse! Eodem modo nymphas
nemorales non esse credas, eodem modo
patrem tuum ores ut viros locet,
qui pridiano ante Nativitatem Christi
vespere fumarium observent
et Sanctum Nicolaum capiant
Sed ut ipsum Nicolaum
non videas descendentem,
quid hoc facto probaretur?
Nemo umquam Sanctum Nicolaum vidit,
qua tamen re Sanctus Nicolaus non esse
non demonstratur.

Verissimae germanaeque
huius mundi res
neque a parvulis
neque ab adultis hominibus
videri possunt. Umquamne
nymphas nemorales in pratis
choreas exercentes vidisti?
Numquam! Qua tamen re
nequaquam nymphae nemorales
non ibi morari demonstrantur.
  Nemo omnia,
    quae nec videntur nec videri possunt,
      mirabilia mundi vel intelliget vel animo finget.

repitacula infantium scindis,
ut perspicias quid sonet in iis;
sed mundus tamquam velo invisibili
obvolvitur, quod velum ne a fortissimo quoque
quidem viro neque viribus fortissimorum,
qui umquam vixerunt hominum,
unitis scindi potest.

Tantummodo fide, poesi,
caritate, mutua benevolentia,
blanditiis efficitur,
ut hoc tegmen detrahatur
et ineffabilis pulchritudo
gloriaque abscondita videantur
nec non percipiantur.

Suntne haec omnia vera?
In omni hoc mundo, mi Virginia,
nil verius stabiliusque.

Di boni, nullum esse Sanctum Nicolaum!

Gratias agamus
Deo Optimo Maximo:

Sanctus Nicolaus est,
semperque erit.

Mille dilabentur anni, Virginia,
et millies mille annorum venient,
nec Sanctus Nicolaus
corda infantium
puerorumque
laetificare desinet.

pto tibi tuisque
felicem Nativitatem Domini
faustumque annum novum.

Bene vale!

Franciscus P. Church

Dear Editor:

I am 8 years old. Some of my little friends say there is no Santa Claus. Papa says, "If you see it in The Sun, *it's so." Please tell me the truth,* **IS THERE A SANTA CLAUS?**

VIRGINIA O'HANLON

[**VIRGINIA O'HANLON** viro docto Francisco Church salutem plurimam dicit.]

Carissime actorum diurnorum, cui titulus "Sol," editor! Puella octo annorum sum. Sunt amici quidam, qui Sanctum Nicolaum esse negent. At pater meus: Quodcumque in "Sole," legitur, verum est. Oro enixe, ut mihi verum dicas: **ESTNE SANCTUS NICOLAUS?**

VIRGINIA O'HANLON

VIRGINIA, *your little friends are wrong. They have been affected by the skepticism of a skeptical age. They do not believe except they see. They think that nothing can be which is not com- prehensible by their little minds. All minds, Virginia, whether they be men's or children's, are little.*

[FRANCISCUS P. CHURCH, Virginiae salutem quam optavit multifarie reddit:]

CARA VIRGINIA, Affirmare ausim amicos tuos parvulos errare. Nam affecti sunt opinione eorum, qui in hac aetate scepticorum omnibus de rebus dubitant. Non credunt esse nisi ea, quae suis ipsorum oculis vident. Nihil existere putant, quod eorum animis pusillis non comprehendatur. At omnium animi, Virginia, et adultorum hominum et parvulorum, pusilli sunt.

In this great universe of ours man is a mere insect, an ant, in his intellect, as compared with the boundless world about him, as measured by the intelligence capable of grasping the whole of truth and knowledge.

YES, VIRGINIA, THERE IS A SANTA CLAUS. *He exists as certainly as love and generosity and devotion exist, and you know that they abound and give to your life its highest beauty and joy.*

Scito in hoc mundo hominem tantum vel insectum vel formicam esse, cum eius ingenium comparas infinito, quo concluditur, mundo, cum eum iudicas mente qua summa veritatis scientiaeque comprehendi potest.

VERE SANCTUS NICOLAUS EST. Sanctus Nicolaus existit eodem modo, quo existunt et caritas et benignitas et fides, necnon ea omnia abundare et dare vitae tuae summam pulchritudinem gaudiumque summum scis.

ALAS, HOW DREARY WOULD BE THE WORLD IF THERE WERE NO SANTA CLAUS! IT WOULD BE AS DREARY AS IF THERE WERE NO VIRGINIAS. *There would be no childlike faith then, no poetry, no romance to make tolerable this existence. We should have no enjoyment, except in sense and sight. The eternal light with which childhood fills the world would be extinguished.*

HEU, NOS MISEROS! QUAM TRISTIS ESSET SINE SANCTO NICOLAO VITA! TAM TRISTIS ESSET QUAM SI NON VIVERENT PUELLAE NOMINE VIRGINIAE. Nec existerent fiducia parvulorum, nec poesis, nec suavis et mutua benevolentia nec blanditiae, quae omnia vitam tolerabiliorem reddunt. Nec gauderemus nec laetaremur, nisi iis rebus, quas et sentimus et videmus. Lux, qua infantes liberique mundum complent, exstingueretur.

NOT BELIEVE IN SANTA CLAUS! *You might as well not believe in fairies. You might get your papa to hire men to watch in all the chimneys on Christmas Eve to catch Santa Claus coming down, but what would that prove? Nobody sees Santa Claus, but that is no sign that there is no Santa Claus.* **THE MOST REAL THINGS IN THE WORLD ARE THOSE THAT NEITHER CHILDREN NOR MEN CAN SEE.**

I NUNC, ET SANCTUM NICOLAUM NEGA ESSE! Eodem modo nymphas nemorales non esse credas, eodem modo patrem tuum ores ut viros locet, qui pridiano ante Nativitatem Christi vespere fumarium observent et Sanctum Nicolaum capiant. Sed ut ipsum Nicolaum non videas descendentem, quid hoc facto probaretur? Nemo umquam Sanctum Nicolaum vidit, qua tamen re Sanctus Nicolaus non esse non demonstratur. **VERISSIMAE GERMANAEQUE HUIUS MUNDI RES NEQUE A PARVULIS NEQUE AB ADULTIS HOMINIBUS VIDERI POSSUNT.**

Did you ever see fairies dancing on the lawn? Of course not, but that's no proof that they are not there. Nobody can conceive or imagine all the wonders there are unseen and unseeable in the world.

You tear apart a baby's rattle and see what makes the noise inside, but there is a veil covering the unseen world which not the strongest man, nor the united strength of all the strongest men that ever lived, could tear apart.

Umquamne nymphas nemorales in pratis choreas exercentes vidisti? Numquam! Qua tamen re nequaquam nymphae nemorales non ibi morari demonstrantur. Nemo omnia, quae nec videntur nec videri possunt, mirabilia mundi vel intelliget vel animo finget.

Crepitacula infantium scindis, ut perspicias quid sonet in iis; sed mundus tamquam velo invisibili obvolvitur, quod velum ne a fortissimo quoque quidem viro neque viribus fortissimorum, qui umquam vixerunt hominum, unitis scindi potest.

Only faith, poetry, love, romance can push aside that curtain and view and picture the supernal beauty and glory beyond. **Is it all real? Ah, Virginia, in this world there is nothing else real and abiding.**

No Santa Claus! Thank God he lives, and lives forever. A thousand years from now, Virginia, nay ten times ten thousand years from now, he will continue to make glad the heart of childhood.

Francis P. Church

Tantummodo fide, poesi, caritate, mutua benevolentia, blanditiis efficitur, ut hoc tegmen detrahatur et ineffabilis pulchritudo gloriaque abscondita videantur nec non percipiantur. Suntne haec omnia vera? In omni hoc mundo, mi Virginia, nil verius stabiliusque.

Di boni, nullum esse Sanctum Nicolaum! Gratias agamus Deo Optimo Maximo! Sanctus Nicolaus est, semperque erit. Mille dilabentur anni, Virginia, et millies mille annorum venient, nec Sanctus Nicolaus corda infantium puerorumque laetificare desinet. [Opto tibi tuisque felicem Nativitatem Domini faustumque annum novum.]

Bene vale!
Franciscus P. Church

Glossarium / Glossary

Absconditus,
  -a, -um — hidden
abundo, -are — to abound
acta diurna,
  -orum, n. — newspaper
adultus homo — adult person
aetas, -atis, f. — time, age
affectus, -a, -um
  (afficio) — affected
affirmo, -are — to affirm
ago, -ere — SEE *gratias*
animo fingo, -ere — to imagine
ausim
  (audeo, -ēre) — I would dare

Bene vale — farewell
benevolentia,
  -ae, f. — kindness
benignitas,
  -atis, f. — generosity
blanditiae,
  -arum, f. — tenderness

Capio, -ere — to catch
carus, -a, -um — dear
caritas, -atis, f. — love
choreas exerceo,
  -ēre — to dance
cogitatio, -onis, f. — consideration
comprehendo,
  -ere — to understand
concludo, -ere — to surround
cor, -dis, n. — heart
credo, -ere — to believe
crepitaculum,
  -i, n. — child's rattle

Desino, -ere — to end
detraho, -ere — to pull aside
Deus Optimus
  Maximus — God Almighty
Di boni (exclam.) — good heavens!
dilabor, -i — to pass
diurnus, -a, -um — SEE *acta*
doctus, -a, -um — erudite

Enixe (adv.) — eagerly
eodem modo — in the same way
exstinguo, -ere — to extinguish

Faustus, -a, -um — lucky
felix — happy
fides, -ei, f. — faith, devotion, fidelity
fiducia, -ae, f. — faith
fingo, -ere — SEE *animo*
formica, -ae, f. — ant
fumarium, -i, n. — chimney

Gaudeo, -ēre — to be joyful
germanus, -a, -um — true, real
gratias ago, -ere — to thank

Heu, nos miseros! — alas!

Ineffabilis — inexpressible
infans, -tis, m. — baby
ingenium, -i, n. — intellect

Laeto, -are — to be glad
laetifico, -are — to make glad

liberi	children		**Quidam**	some, certain people
loco, -are	hire		**quodcumque**	whatever

Mens, -tis, f.	intelligence
millies	a thousand times
mirabilia, -ium, n.	miracle, wonder
moror, -ari	to be there
multifarie (adv.)	many times
mutuus, -a, -um	mutual

Nativitas, -atis, f. (Christi, – Domini)	Christmas
nego, -are	to deny
nemo	no one
nequaquam	not at all
Nicolaus	SEE *Sanctus*
nymphae nemorales	fairies

Observo, -are	to watch
obvolvo, -ere	to cover
Optimus	SEE *Deus*
oro, -are	to ask

Parvulus, -a, -um	little
parvuli	children
percipio, -ere	to view
poesis, -is, f.	poetry
pratum, -i, n.	meadow, lawn
pridiano vespere	on the eve
probo, -are	to prove
pulchritudo, -inis, f.	beauty
pusillus, -a, -um	little (-minded)
puto, -are	to believe, to think

Salutem do, -are	to greet
salutem reddo, -ere	to reciprocate a greeting
Sanctus Nicolaus	Santa Claus
scientia, -ae, f.	knowledge
scindo, -ere	to tear apart
scio, -ire,	to know
scis (2 sg. pres.)	you know
scito (fut. imperative)	you should know
sentio, -ire	to feel
Sol, -is, m.	*[New York] Sun* (newspaper)
sono, -are	to sound
stabilis, -e	lasting, abiding
suavis, -e	sweet

Tam ... quam	as ... as
tantum	as big / as much
tantummodo	as only
tegmen, -inis, n.	veil
tolerabilis, -e	tolerable
tollo, -ere	to tear apart
tristis, -e	sad

Ut	that; even if

Velum, -i, n.	veil
vere (adv.)	yes
veritas, -atis, f.	truth
video, -ēre	to see

22

Christmas Memories

Notae Memoriales de Nativitate Domini

Christmas Memories

Notae Memoriales de Nativitate Domini